胡武功／著

藏着的关中
——秦人百相

西北大学出版社

序言／民间关中

中国作家协会副主席　陈忠实

打开中国历史教科书，便打开了关中。便走进关中。便陷入关中。在历史的烟云里走了几千年，仍然走不出关中。

我从蓝田猿人快活过的公王岭顺灞河而下，不过50余公里，便踏入其姊妹河浐水边上的半坡母系氏族聚居村落，大约1个小时就走过了人类进化几十万年漫长的历程。我以素心净怀跪拜在人文始祖黄帝陵前的时候，顿然发现开启一个民族智慧灵光的祖先，仅仅拥有如此少的一抔黄土。面对周人精美绝伦的青铜制品，无法想象一个火炉如何冶炼得出如此复杂深奥的化学命题。作为周、秦、汉、唐等十三个王朝首都的长安不说也罢，单是东府一个小小的骊山，便可当作一部鲜活的历史来反复咀嚼。

火山骊山窒息死灭之后，在山脚留下一汪上好的温泉。这股温泉不经意间浸染了一个民族的历史教科书。戏弄了诸侯，也戏弄了周王朝的骊山上的烽火台，尚未火熄烟散，始皇帝就在山脚下修筑地下宫殿及陶制的禁卫军方阵。短命的秦王朝的惨痛教训，丝毫也不妨碍近在咫尺的温泉里君王和贵妃的人生快活，压根儿不知百余公里外的马嵬坡等待他们演出生死离别的一幕。恰似在这个烽火台下、秦皇陵侧，与残留着贵妃凝脂的汤池窗户斜对的五间厅里，蒋介石带着温泉的余热慌不择路地逃到山坡上，隐伏在北方寒夜冰冷如铁的一个凹坑里。这一夜的这一声枪响便注定了他13年后逃往海上的结局。那个隐藏过他的骊山上石隙里的凹坑，却成为中国现代历史完成转折的一个关键性符号。毛泽东曾经说过："历史的经验值得注意。"以上几位在骊山下、在温泉里演绎过兴亡故事的角色，似乎谁也没有在得意的时候"注意"到前者在同一地点发生过的"历史经验"。今天，当世界各地男女拥到骊山下来游逛的时候，未必一定要去"注意""历史的经验"，却也不至于发出"都是温泉惹的祸"的戏言吧。

一个古老民族的大半部文明史是在关中这块土地上完成的。历史教科书提供的资料，无以数计的遍布地表和地下的历史遗存，无论怎样翔实怎样铁定的确凿，却都不可避免时空的隔膜和岁月的阴冷。即如唐墓壁画的女人如何生动艳丽，即如兵马俑的雕像如何栩栩如生，你总也感觉不到一缕鲜活。当这些主宰着历史的统治者贪恋一池温泉醉生梦死的时候，关中民间的生活秩序和生活形态是怎样一幅图景？教科书和遗存中几乎无存，我只能看到生活演进到上个世纪几十年来关中农村和农民的生活形态。最近十余年来，中国的城市和乡村以前所未有的真实的高速度发展的时候，曾保存着、体现着的原有生活图景、生活习俗、生产方式正在加速消亡。更多的浸淫着思想文化，以及由此透见的关中人心理形态的戏曲、演唱、歌谣、婚丧礼仪等等，都在加剧着变化，加剧着消亡。我在儿时甚至延续到青年时代见过的许多如牛拉的石磨、石碾一类的东西早已停转了，即使今天乡村的孩子也不可理解麦子是怎样经过石磨变成面粉的。

摄影家胡武功先生无疑是最敏感到生活的这种变化的先觉者。几十年来追踪生活骤烈的和细微的种种变化，把新与旧的交替留在了自己的心灵底片上。在基本普及了机械收割和脱粒的关中乡村，《光场》的场面已经稀少难见，而这仅仅在10年前的小麦收割上场之前，还是遍布关中乡村的生产图像。《麦客》里的麦客也正在消失，这个汉子挥舞镰刀的姿态定格为一个历史的雕像。我可以听见杀断麦秆的脆响，可以感觉到镰刀下卷起的风和微尘，犍牛一样韧劲十足的脖颈和刀刻一般的口鼻，比任何舞蹈家苦练的舞姿都优美百倍，比任何雕塑大师的金牌雕像都要震撼我心，一种生活原型的自然美是无法取代，难以复制的。即将出场的《社火》，梳妆完整只待出门的《新娘》，我在看到一缕羞涩掩饰不住的欣喜的同时，似乎能感知到心跳。《皮影》幕后操作的架势，《哭坟》里儿女的痛心裂肺的表征，都使我直接感知到生活真实的进行形态，也一次又一次地感到真实生动的艺术力量的撞击。

以沉重的体力劳动为主的关中乡村生产、生活方式正在加剧变化，带有浓重的地域特质和周秦汉唐文化色彩的民间文化也在悄悄发生变化。从秦代一路犁过来的铁犁终止在小型拖拉机前，被农民挥舞了几千年的长柄镰刀被收割机械代替了，大襟宽裆的衣裤已经被各色流行服装替换，电视把乡村传统的社火、戏曲、木偶、皮影毫不留情地排挤到冷寂的角落，甚至改变着年轻一代的语言习惯。这是一种进步，一种胜利，一种新的文明的生产方式和生活方式。然而，我还是动情于那种替代过程中的差异，一种习惯了的又必须舍弃的依恋，一种交织着痛苦也浸润着温馨的情愫。

敏感而先觉的胡武功朋友，许多年来专心致志于关中乡村的这种生活演变，捕捉到了堪称历史性的告别的生活画面，使我真切地感受到了今天民间关中的生产形态和生活形态，感受到在周秦汉唐的古老土地上生活着的关中人的心理形态，肯定为未来的史学家、民俗学家包括作家、艺术家了解两个世纪交接时代的民间关中，提供了一幅幅最可信赖的原生资料。

我便说，胡武功不仅是敏锐而先觉的摄影家，更是一位富于历史眼光和人文意识的思想者。

卷首语

  熟知历史的人，都会看到这样一个事实，中国的传统文化是按两条线索传承下来的，一条是"官文化"，一条是"民文化"。由于中国长期推行集权体制，并且在数千年的漫长过程中得以不断巩固与完善，文字、言说的权力都控制在"官"手中，于是历史便成了"官"们的历史，文化也就成了"官"们创造的文化。在现存的大量文献以及伴随考古出土的绘画、雕刻中，人们看见了越来越完整的民族"精英史"，其中少有普通百姓的颜面和身影。即使在传媒高速发展与普及的当代，文字所述、镜头所对、影像所录的主体也大都是政要与显贵。"民"们虽然上不了史书，进不得大雅之堂，但就我的体验与认识而言，中国的华夏文明史正是大众百姓所孕育的。大众百姓的"民文化"，早已渗透在地域的百姓日常生活中，渗透在他们的起居、劳作和礼仪交往中，甚至是以一种生命存在的方式一代代沿袭下来。比起"官文化"，"民文化"没有那么严密与精到，却无比鲜活，充满生命力。这正是我30年来把相机镜头对准已物质形态化的"民文化"的机缘与动力。

目录

城市	/ 1
民居	/ 89
秦人	/ 111
麦客	/ 142
民工	/ 181
后记	/ 203

城 市

在中国古代，城可说是兵营的别称，市指以物换物的地方。住在城市的人，除少数奴仆、工匠外，大多数为军人和被称为"国人""君子"的官僚统治者以及有钱的商人。所谓城市，即军事设施和商业交易区的结合。穷苦奴隶、农民全部住在城外郊野之中，被称为"野人""小人"。城市集中了芸芸众生创造的所有财富，又是统治权力的中心。因此，城市成为各种利益集团和造反的奴隶、农民起义军争夺的主要目标，所谓的"历史文化名城"也就在数千年的你争我夺中形成了。

关中以西安为中心，被分为东、西两府。东府又以渭南为中心，在周边建立了华县、潼关、蒲城、韩城等城市。西府则以宝鸡（古时指虢镇一带）为中心，四周建立有岐山、扶风、凤翔、千阳、陇县等县城。这些县城的名字，通过《封神榜》《隋唐演义》《三国演义》等书籍和传统戏剧的传播，早已家喻户晓，名闻天下。

西 安

西安，是举世瞩目的历史文化名城。古时，它不但是关中的核心，还是中国的核心。630年以前西安名叫长安。长安在秦朝时只是咸阳的一个乡聚，因秦始皇的弟弟在那里被封为长安君而得名。因此，司马迁认为长安是咸阳的一部分。从实际地理位置看，秦都咸阳与汉城长安仅一河之隔，而秦阿房宫与汉长安城可以说是连在一起的。总之，无论咸阳还是长安，都曾经是中国的政治、经济、文化的中心，都曾经是世界性的大都市，都曾经有过无比辉煌的历史。

我曾经与友人在《四方城》画册中，用一幅幅照片，从一个侧面再现了20世纪末西安的人文市井风貌。后来，我又在《西安记忆》一书中，对这座现实的古城做了图文并茂的记述。我称西安为"四方城"。四方城是农业文明追求稳定性的外在表现。因此，四方城是中国古代社会历史的象征。我的朋友赵良先生说："应该再加一句，四方城也是千百年来专制王权和等级森严的官僚体制的象征。"这个补充没错，看一看北京的紫禁城，我们真切地、极端物质化地感受到专制王权和与之相对应的等级体制。2000多年前，秦始皇在阿房宫中把后人想要做的事情都做过了。自秦始皇以后的所有英雄豪杰，都未能跳出秦始皇设计的政体蓝图，他们充其量只是做了添砖加瓦的完善工作而已。

据史书记载，秦始皇灭六国后，曾把各国的宫殿一个个复制在咸阳城中。可以想见，这使咸阳变得何等丰富、宏伟与壮丽。很可惜的是，这些建筑都未经得起岁月与战火的考验。唐长安城规模更加恢宏，也没能留下来，只有大雁塔、小雁塔还映现着一些当年的气势。历史上，西安市容的较大改变是在民国初期。当时，辛亥革命的领导人之一张凤翙照搬日式建筑格调，在东大街两边修建了木质结构的两层洋楼。以后其他大街陆续仿建，形成古朴的西安城市风貌。

20世纪90年代，老西安从根本上实现了壮丽的消亡。建筑材料革命性的改变，使传统土木建材被永远遗弃了。一个延续了数千年，典型地体现着农业文明的老西安，从关中大地上逐渐消失了，取而代之的，是一座虽然失去了民族地域特色但却比较紧跟时代发展的新型城市。这对于贫穷了太久的西安人来说，是梦寐以求的；而对于人文学家和寻古而至的欧美游客，则是一件憾事。

城市是人对自然地理气候适应和把握的结果，是人文形态的物质化体现，是社会生产力发展的标志。人类历史性的成果理应受到保护，人类现实性的创造更应受到尊重。我曾多次应邀在电视节目中谈论自己对西安这座现代化的古都的认识,我除了从史书中认知古代西安外,更重要的是亲自经历、目睹了西安60年的变化。我的总体结论是,西安的基调是灰色的。灰色是多种亮色的积淀,灰色是厚重的,灰色也是耐脏、耐蚀、耐看、耐读的。

当我们从灰色的四方城中走出来,无论是通往咸阳国际机场的北郊经济开发区,还是南郊的大学城区,抑或西安高新技术开发区,都是以崭新时髦的身姿矗立在古老的四方城的周边。尽管这些建筑难免有不尽如人意之处,但它们却是西安彻底告别千年农业文明的标志。

在我的记忆中,60年来,西安人先后经历了拉风箱、燃劈柴和烧煤饼、煤球及蜂窝煤,进而使用天然气的过程;西安人经历了出门步行、驾牛车、乘卡车、骑自行车直到坐飞机、购买私家小汽车的过程;西安人经历了少油缺粮、排队挤戏院的过程;西安人经历了上山下乡、回城失业、赚钱购房置家产的过程;西安人经历了从讴歌工厂黑烟是水墨画的大牡丹,到治理各种污染而乏力的过程——我们看到,西安人从油毡棚、四合院走进单元楼,从泡馍馆走进麦当劳,从大澡堂走进桑拿房,从影剧院走进夜总会,从象棋摊走进高尔夫球场,从自在、闲散走进紧张、浮躁——总之,包容性极强而又集体健忘的西安人渴望现代化、追求现代化、享受现代化,而现代化却正在悄悄地把他们带进自己理想的反面。

现实的西安是一个拆的西安、建的西安、变的西安。

渭　南

渭南，早在公元前360年先秦时就设县制，是东府的中心，唐代杰出诗人白居易就诞生在这里。在渭南的华县，还出过中兴大唐的名将郭子仪，他戎马一生，奋战60余载，身系大唐安危20余年，史书称他"权倾天下而朝不忌，功盖一世而主不疑"。渭南以北的大荔沙苑，东西长80公里，南北宽30公里，是关中门户的天然屏障。魏晋南北朝时，高欢进攻西魏，与宇文泰在沙苑决战。宇文泰命将士留辎重于渭南，仅带三天粮草北渡渭河，充分利用沙苑地形，伏兵作战，以少胜多。最终杀敌六千，俘虏七万，大获全胜，不但保住长安不失，而且夺取了东魏的十多座城池。从此东魏失掉优势，再也无力攻打关中。隋朝开国皇帝杨坚是渭南华阴县人，虽然杨坚采取阴谋杀戮的手段，篡夺北周帝位，自称隋王，但总算统一了全国，结束了长期的分裂动乱，使老百姓可以安居乐业、休养生息。

有趣的是，上边所提到的历史人物，大都是被史书称为"五胡"的少数民族。白居易出身龟兹胡人，宇文泰是羌人，杨坚则是拓跋鲜卑人。关中自古以来便是一块开化、兼容的大地，关中汉人又是一个极易同化胡人的民族。尽管魏晋南北朝的360余年间，各民族不断入驻关中，以至于五胡已成为关中上层人口的多数。但当他们与关中汉族混居通婚融合后，很快就被先进而具有魅力的汉文化所征服。而那些不愿接受汉文化而极力维系自己独特习性的"反抗民族"，统统被赶到人烟稀少、贫困闭塞的山区了。

渭南是出大人物、干大事业的地方。在中国近代史上，渭南以北56公里的蒲城就出了这样两个人物。人们常说，陕西人的性格生、冷、硬、倔，这也是蒲城人的特征。正是这种性格使他们敢作敢为、顶天立地，尤其在民族危难、社稷沉浮的关键时刻，更显英豪本色。1844年，任清廷军机大臣的蒲城人王鼎，坚决反对议和投降，支持林则徐禁烟，抗击英军入侵。但他的主张受到议和派的攻击，得不到道光皇帝的采纳。在保林不成，议和声甚嚣尘上之际，王鼎以死相谏，自缢于圆明园。无独有偶，1936年，当中华民族再次受到外族入侵，面临国破家亡时，蒲城人杨虎城联合张学良在西安发动兵谏，迫使蒋介石停止内战，抗日救亡。一个死谏，一个兵谏，最终他们都以满腔热血铺垫了中华民族复兴的道路。

距渭南82公里的潼关，位于关中平原的最东端，扼守秦、晋、豫三省要冲。黄河在潼关原下接纳渭水后，欢快地吐出了被挤夹在秦晋峡谷中的闷气，展筋舒骨向东一拐，浩浩荡荡直奔大海。秦岭粗壮的尾巴横在黄河南岸，把河南、山西、陕西由此分成三省，使潼关成为北上东进的交通要地。

潼关城北临黄河，南依秦岭，东有禁沟，地势险峻，易守难攻。从秦代开始，历经汉、唐、明、清，为加强防守，从关城顺禁沟西沿到秦岭蒿岔峪口，修筑了12座烽火台并连接为城，俗称十二连城。十二连城旧址至今犹存，台墩宛在，高约7米，直径10米。潼关是历史名关，以险著称，有史以来发生在这里的可考战争多达40余次。唐末黄巢起义，突破潼关天险直捣长安；明末李自成在这里与官军进行过著名的南原大战；日本鬼子虽然船坚炮利，却未能突破潼关屏障，只好站在风陵渡边垂涎关中。

1992年，我与朋友考察渭河时，首次来到这著名的关城。关城建在禁沟与十二连城的北头，滔滔黄河三面环抱关城。据说，因黄河水直冲关城，百姓又称之为"冲关"，潼关称谓因此谐音而定，但也有说，是因黄河水整日冲击关城，发出"潼潼"声响而得名。

潼关古城因地势顺山顺河建造，城墙蜿蜒盘伏在黄河边的土原上。一条深约30米，仅容1人1车通行的黄土峡谷，连接着关城的东门。人行其间，仰望是悬崖峭壁一线天，俯看是滚滚黄河浪拍岸，真可谓"一夫当关，万夫莫开"。潼关城墙原是用青砖砌裹的，可当时我们看到的关墙已是破落的断垣和黄土柱了。当我们从老县城一座座民房旁走过时，才发现那一块块留有枪伤箭痕的墙砖已被用来堆砌居民的家院和猪圈了。

城市是由金钱堆砌起来的，改革开放初期到1989年，不到10年工夫，一个老潼关消失了，高楼林立的新潼关冒了出来。潼关有丰富的金矿，已建成的9个黄金选矿厂，每年出产黄金居全省之首。有钱了，招徕美女如云。刹那间，歌厅舞厅餐馆饭店林立，县城陡然繁华起来。

20世纪80年代的时候，久违的黄金矿石终于从秦岭深处放射出诱人的光芒。在相关政策感召下，一时间引来无数淘金者。金子与荣兴、败落、幸福、痛苦、生存、灭亡紧紧连在一起，演出了一幕幕潇洒而悲壮的人生活剧。

从潼关出发向东而后向南，一条长10多公里的简易公路把我带进排列着红楼绿瓦的小镇。玻璃门窗在寒林中时隐时现，简直像高级别墅或疗养院。这就是因黄金而出名的桐峪镇李家村，一个由最普通农民新居组成的

20世纪80年代关中大地上的自然村。55岁的金农杨富海大大咧咧地对我说："有了钱，就能使人活得旺起来！"他17岁参加工作，当供销社的职员，没多久赶上1962年的大饥荒，因吃不饱肚子退职回家务农。改革开放后，他凭着过去经商的经验和关中农民少有的精明，在政策允许的范围里几经折腾，终于靠淘金起家，发达起来。"靠山吃山，靠水吃水嘛！"他说，"想当年，潼关的港口镇是全县最富裕的地方，不就是靠黄河吗？"当时，杨富海靠着横卧在自己面前默默无语的秦岭山石，挤进先富起来的行列。当他掏出大把大把钱币为乡亲办学、修路、盖敬老院时，当他一口一口猛吸红塔山牌香烟时，他地地道道、实实在在地感悟到了秦岭山石的价值。

但是，黄金却使另一位走向深渊。潼关县原黄金局局长上任两年后，大概因一时疏忽露了马脚，在洗金矿的水缸里结束了自己的生命。"其实他的问题不很大，最多一两万元。"杨富海对我说，"不值得死。败了住几年大狱，出来重新干嘛！"在黄金面前穷怕了的人被坚决地异化了，走向人性与价值的反面，为金钱损伤身体进而丢掉性命的绝对不止黄金局局长一个人。

秦岭山下多柿树，时值深秋，金灿灿的柿果挂满枝头。尽管人流来来往往，但没有人向柿树多看一眼，更没有人像过去那样再为一个柿子与人发生纠缠不清的争吵。是黄金的诱惑使人看不上这蝇头小利呢，还是自然之果没有打上人类自我奋斗与创造的血汗印记，而失去了它的魅力与价值呢？反正这些果实随着阵阵寒风，又回到滋养它们的土地中去了。

韩　城

韩城，是中国一座历史文化名城。夏商时以龙门代称，隋初置韩城县。龙门为神话传说中大禹治水疏导黄河所开，至今在黄河边有禹王庙遗迹。龙门自古是战略要地，唐初李渊起兵反隋，即由龙门过河攻入长安；明末，李自成率军由龙门东渡黄河直取幽燕；抗战时，八路军也是从这里东渡黄河，深入敌后。最令韩城人骄傲的是，这块土地孕育了中国最伟大的史学家——司马迁。司马迁忍辱负重、发愤著述的《史记》，是我国最早的纪传体通史，被鲁迅誉为"史家之绝唱"。

在韩城的南原上，有一条建于战国时代距今2000多年的魏长城遗址。战国时期，魏国有东、西两条长城，东长城在今河南省郑州市附近，西长城在今陕西省关中东部。西长城南起华阴市华山玉泉院西北麓的朝元洞，依地势蜿蜒北上，经大荔、澄城、合阳直至韩城市东少梁黄河西岸，全长150多公里。魏长城上黑红相杂的夯土，依然坚硬无比，高达5米的墙头上长满蒿草和野花。时值清明，扫墓祭祀的人们三三两两来到长城两边，点香烧纸，寄托哀思。只见那香灰随风飘荡，笼罩了厚达8米的城墙，遂又消失在蓝天绿野中。长期以来，历史文明与现实生存的碰撞，使魏长城经历着从伟岸壮观到迷失消亡的渐变。春风中，我看见座座死者的坟茔堆在50米内的长城禁区里，活着的人在这古老的长城上或挖渠排水，或修路行车。虽然立有国务院关于文物保护的石碑，魏长城仍然受到种种威胁，甚至破坏。

韩城保存着较为完整的民间古建筑和140余处庙宇奇观，其中尤以元代庙宇最为突出，这在国内实属罕见。而那些青砖灰瓦的四合院民居，更是遍布城乡，数以千计。早在20世纪80年代，我就曾在《陕西日报》上对党家村民宅做过报道，1992年我又在台湾的《大地地理》杂志上对党家村及解老寨的明清四合院做过更详细的介绍。党家村建在一块三面环沟、一面与平原接壤的方形台地上。听说在清咸丰年间，党家村人为抵御战乱和土匪，花了18000两白银买了这块地，修建了坚固的堡垒村寨。堡墙筑在方山陡壁上，一眼望不到顶，可能是中国最高的城墙。10多米高的青石暗道顺势而上,直通寨中。堡门用铁皮包裹,十分坚固。城堡上方设有炮台,一有风吹草动,紧关堡门,任土匪兵患横行,对党家村也奈何不得。

我曾沿着顺地势铺成的青石暗道,走进堡内。只见整个村堡井井有条,家家户户门楼高悬,檐下枋板饰以花卉、人物、鸟兽等图案,居中书有"耕读第""进士第""中丞第""安乐居""积善居""平为福""和为贵"等字样。堡内有涝池、石井、排水沟,生产、生活资料应有尽有,家家户户吃喝无虑。难怪党家村民居引起了中外建筑学家、人类学家的高度重视。

党家村、解老寨以及合阳县灵泉村的明清故宅,规划得十分整齐紧凑,建筑精致考究。这些民宅每户院落都有门楼、过厅、照壁、回廊、天井、正屋、偏房和前后院,总体上显现着悠久农业文明与特定的生产力发展水平。人常说关中十大怪,房子一边盖。可走进东府的广大村落,一边盖的房子很少见,到处是典型的关中大宅院。当然,这些大宅院细看起来也有规模大小之分、用材质量之分、做工粗细之分,说到底,就是贫富差异之分。由于年久失修,经历了百年风雨的古民宅渐渐残破坍塌,从而被新兴起的砖混结构的二层楼房所代替。从传统文化的意义上考虑,我曾为这些大宅院的消亡而遗憾。但从人们生存的角度理解,大宅院的消亡又是应该的、必然的。如若把两者结合起来，对大宅院有选择地加以人性化的保护和改造，也许是一种两全其美的做法。

宝　鸡

宝鸡，坐落在大散关脚下，是关中西部最大的城市。大散关是关中的西南大门，横卧在秦岭的大散岭上，是蜀道的咽喉。这里山连着山，峰靠着峰，山体庞大，峰陡如削。清姜河从海拔2500米的秦岭腹地发源而下，流经大散关，左冲右突，历尽曲折，汇入渭水。大散关虽然小如弹丸，但历史上却发生过70多次战争，埋下无数尸骨和兵器，可谓"铁马秋风大散关"！早在西周时期，通往今汉中褒城的褒斜故道就因幽王伐褒开通了，宝鸡成为镇守这条故道的北部重镇。先秦时，秦惠王利用"五丁开石牛道"之计占领蜀国，开通连接南北的蜀道。蜀道虽已开通，仍艰险无比，引来唐朝大诗人李白"蜀道难，难于上青天"的无限感叹。如今蜀道天险早已变通途，不仅有平整的公路，而且有日行千里的铁路。这一切，使宝鸡市成为贯穿我国东、西、南、北交通的枢纽。

宝鸡的历史可追溯到远古的炎帝时代，已有5000多年。宝鸡城南的天台山上，至今留有炎帝的骨台寝殿、烧香台、太阳市（古代交易所）等一系列与炎帝有关的历史遗迹。

20世纪60年代末，我被下放到宝鸡磻溪农村接受贫下中农再教育，修大寨田。村上的姜大伯告诉我，说他们家族是正宗的炎帝后裔。炎帝姓姜，号神农氏。远古时，他率领的部族居住在清姜河畔。现在宝鸡市城南的姜城堡、神农庙、清姜河等，都与炎帝和姜姓不无关系。姜大伯告诉我，相传炎帝尝遍百草，发现五谷，发明医药，后来在鉴别一种草药时中毒身亡，被尊为农业之神、医药之神。后来，我在一些古籍中印证了姜大伯的说法。书中说，炎帝是古代中国西北部农业部族的首领，居住姜水，极善农耕，所率部族生产力相对发达，长期与居住姬水、由黄帝率领的游牧部族联姻。炎、黄二帝，被尊为中华民族共同的人文初祖。

最让姜大伯自豪的，是姜姓部族的后人姜太公。姜太公50余年跪在磻溪河边垂钓，无钩无饵，与其说钓鱼，不如说钓人。终于在他70岁时，周文王上钩了。两人一见如故，遂请出山。姜太公先帮助文王兴邦，又辅助武王进攻中原，一举消灭殷商，建立了西周王朝。宝鸡地区渭水以北、岐山以南的黄土台地被史学家称为周原。周原是我国古代周人和先秦的发祥地。20世纪70年代中期,在扶风、岐山一带发现了大批周代遗址,其中岐山凤雏村的周宗庙遗址规模最大。它向世人宣布,3000多年前周人已"俾立家室",盖起房屋让人居住了。考古证明,西周房屋盖得特别讲究,大都像今天的四合院。尤其是王宫,虽为土墙木屋,但有高大的皋门、严整的应门和陶制的排水管道。

宝鸡是青铜器的故乡。据统计,历代出土的数千件周器,绝大部分出自这里,它们囊括了西周初期到晚期历代各种青铜器。其中,有重达153公斤的大盂鼎,铸有497字的毛公鼎,铸有284字记载西周转让土地的裘卫四器,记载了文、武、成、康、昭、穆、恭七王业绩的墙盘书,记述武王伐纣时牧野大战的立簋等,都是无价的国宝。为此,宝鸡市建立了世界上收藏最丰富的青铜器博物馆,馆藏的5万件历史文物,向世人展示着昔日周人的辉煌业绩。

在人杰地灵的周原上,曾出过两个千古流芳的历史名人。一个是姜太公,另一个是周公。周公是文王的儿子、武王的弟弟。周公曾与姜太公一起帮助武王伐纣灭商,可谓周朝的开国元勋。不过,更令后人敬仰的是周公建立礼制与宗法的文治思想。孔子对周公崇拜得五体投地,他常说自己夜里梦见周公,一旦不做周公梦,他就感到失措失落,惊慌不安。孔夫子信誓旦旦要"克己复礼",他要复的礼就是周礼。他周游六国,四处讲学,唯独不敢进入关中,可见周公在中国古代思想界的威望和影响之大。

在周原的岐山县有座周公庙,建在三面环山的盆地上,南面直对秦岭主峰太白山。每年农历三月十五,周原乃至关中各地的百姓都来这里赶庙会。全因周公反对全靠刑罚治国,注重教化,采用分封制和宗法制治国,所以受到民众的爱戴与敬仰。

周公庙内除了供奉周公外,在沿山的其他建筑中,还塑有姜太公、昭公、后稷的彩像。有趣的是,送子观音的塑像不知什么时候也混于周公庙内,以至于许多不孕女子在公婆或丈夫的带领下,趁庙会人多杂乱来到这里,朝拜"领"子。

宝鸡历史悠久,文化积淀丰厚,时有举世瞩目的发现。1987年4月,在素有"关中塔庙始祖"之称的法门寺宝塔地宫内,发现了人们关注和探索了上千年之久的佛教创始人释迦牟尼佛指舍利,以及唐代诸帝王所赐大量珍贵的皇家宝物。这是世界上唯一的佛指真身舍利,经鉴定,其中一枚是"真骨",三枚是"影骨"。这一发现震动了全世界的考古界、学术界和佛教界。这不但是20世纪中国考古的大发现,也是人类文化奇迹的新发现。2002年4月,法门寺佛骨舍利赴台湾展示时,专机迎送,通街数十万信徒夹道跪拜,热泪飞溅,涕不成声。那场面,那情景,令人难以忘怀。

宝鸡,古时又名陈仓。它东连西安,南通成都,西达兰州,北接银川,因而成为战略要地。早在公元前206年,刘邦采用韩信"明修栈道,暗度陈仓"的建议,一举夺取关中,为最终战胜项羽打下基础。

五丈原,位于宝鸡东南棋盘山和渭水之间,是一座面积约12平方公里的突兀高地。公元234年,诸葛亮率十万蜀军从汉水出兵岐山,驻扎在五丈原。因过度劳累,病死军中,践行了他"鞠躬尽瘁,死而后已"的誓言。五丈原由此进入史册,历代文人墨客纷至沓来,建祠修庙,凭吊祭祀。在五丈原诸葛亮庙内,由岳飞书写的《前后出师表》碑文,充分表现出两位英杰的诚信与愚忠。

宝鸡悠久的人文历史积淀,培育出灿烂的民间艺术,无论是皮影剧还是木偶戏,无论是剪纸还是泥塑,无论是社火还是秦腔,都深深地吸引了我。令我意外与庆幸的是,虽经"十年文革"浩劫,曾被列入"四旧"的宝鸡民间艺术却顽强地留存下来。正是这些鲜活的民间文化艺术形态，把我的视点从那些极左的干瘪影像中吸引过来，使我意识到那些模式化的高大全、红光亮的"革命艺术"的无聊与有害。于是，从20世纪80年代初，宝鸡就成为我主要的拍摄地区。30多年坚持不懈，我拍摄了大量记录性照片，与此同时，孕育了我新的摄影观念。

凤翔六营村的胡深，是全国闻名的泥塑大师，他创作的彩牛、金鸡、花虎被中国邮票总公司采用，发行全国。而邰家保存的明代木板年画，成为极其宝贵的历史文化遗产。

记得1984年岁末，在乡间拍摄了一天的我，冒着风雪，拖着疲惫的双腿返回凤翔县城。这时，店铺早已关门，街上已没有行人。幸好西关十字的"服务楼"留有值班人员，登记后，我住进这家唯一坚持营业的旅社。我住的是三层一间并排放着10张床的大通铺，整个服务楼内只住了我一个旅客，显得空荡，却十分安静。我躺在床上，拿出克莱夫·贝尔的《艺术》静静看起来。窗外不时传来"咚咚"的鞭炮声，提示人们已进入除夕夜。大约晚上10时，回凤翔休年假的侯登科得知我住在县城的服务楼，提着一瓶西凤酒来看我。我俩喝着西凤酒畅谈中国摄影，兴头儿上，甚至提笔起草剖析极左摄影观念的文章，显示出那时年轻人特有的激情与责任感。这是一次很有意义与成果的交谈，不但出了两篇在全国摄影界产生强烈反响的文章——《现状与思考》和《一面待树的旗帜》，商定了来年举办首届全国摄影美学研讨会的事宜，而且使我从此偏爱西凤酒，结束了以前从不喝酒的习惯。

　　凤翔是秦人早期的都城。秦人的先祖在殷商时居住在黄河下游，曾帮成汤打败夏桀。武王伐纣时，秦人不识时务，曾助纣为虐参加了殷商的反叛活动。失败后，被武王流放到关陇一带牧马。后因牧马有功，始得秦亭封地。现在的甘肃天水旧名秦州，又有县名秦安，都与秦人有密切关系。秦人卧薪尝胆，经过长期艰苦奋斗，几经周折，不断东进，终于落脚凤翔。经过养精蓄锐，发展壮大起来，最终建都咸阳，并且实现了吞并六国、统一天下的伟业。唐朝初年，在凤翔曾出土了秦人所制的 10 面石鼓。石鼓上刻着秦篆诗文，内容是描写秦人一次盛大的狩猎活动。这是存世最早的石刻文字。秦人以石材刻字记事，以垂久远，是文化发展史上一个重大贡献，至今仍被人们沿用。这 10 面石鼓被历代君王视为国宝，随着国都迁徙而不断转移。

　　长期的采访拍摄使我感到，几千年的文明史都在凤翔的民间艺术中得以展现与传承，而凤翔人祖祖辈辈就生活在这样的民间艺术氛围中。提起凤翔一边盖的房子，花花绿绿的窗花，拙朴肃穆的门神，夸张诙谐的泥塑，唱遍历史的秦腔，尤其是以诚待人、毫不设防的父老乡亲，我会立即激动起来，我感到这才是我摄影之根的所在。

西安、咸阳、渭南、宝鸡都是中国古老的都市名城,与中国数千年的文明史息息相关。

整修前的老城东门楼(西安市)1991年摄

① 位于西安龙首原上的汉未央宫遗址（西安市）1994年摄

② 新修建的钟鼓楼广场（西安市）1998年摄

③ 俯瞰西安古城（西安市）1999年摄

① 游览老城墙夜景（西安市）2006年摄

② 整修、点亮后的老城楼（西安市）2006年摄

西安城墙已有 600 多年的历史,是世界上至今保存最完整的古城墙(西安市)2007 年摄

西安南门(西安市)2008年摄

小雁塔(西安市)2014年摄

古城新貌(西安市)2014年摄

① 20世纪80年代的竹笆市（西安市）1981年摄

② 南大街门面房（西安市）1981年摄

①	②

① 打电话（西安市）1987年摄

② 排队买煤气（西安市）1988年摄

① 晨练（西安市）1990 年摄

② 舞伴（西安市）1990 年摄

③ 挑鸡蛋（西安市）1989 年摄

汉长安城城墙（西安市未央区）1992 年摄

城市里最后一户农民（西安市）1996 年摄

① 扫地（西安市）1994 年摄

② 居民健身房（西安市）1996 年摄

① 西安老城墙下的剃头担（西安市）1996年摄

② 烤羊肉（西安市）1997年摄

① 买股票（西安市）1997年摄

② 纹身青年（西安市）1997年摄

③ 城墙下的小商贩（西安市）1998年摄

① 西大街商铺（西安市）1997 年摄

② 排队上车（西安市）1978 年摄

吃盒饭（西安市）1998 年摄

烤玉米（西安市）1998 年摄

画像（西安市）1998 年摄

练字(西安市)1998 年摄

① 夜总会(西安市)1998年摄

② 美容(西安市)1998年摄

③ 割双眼皮(西安市)1996年摄

①	
②	③

② 模特表演（西安市）1998年摄

② 穿松糕鞋的女孩（西安市）1998年摄

③ 城墙下的模特（西安市）1998年摄

挑战极限的车手(西安市)1999年摄

雪中恋侣(西安市)1999年摄

① 千年鬼节（西安市）2000 年摄

② 酒吧里的青年（西安市）2000 年摄

③ 跳摇头舞的女孩（西安市）2000 年摄

放风筝（西安市）2001 年摄

传统的照相馆都变成了影楼(西安市)2004年摄

① 时尚青年（西安市）2004 年摄

② 唐大明宫遗址（西安市）2008 年摄

仿建的唐大明宫含元殿（西安市）2007年摄

新建的大明宫丹凤门（西安市）2010 年摄

① 大唐西市（西安市） 2010 年摄

② 汉未央宫遗址（西安市） 2014 年摄

③ 丝路起点（西安市） 2014 年摄

老式织布机（户县）1986年摄

小本生意(周至县)1988年摄

① 买奖券（临潼区）1989 年摄

② 坐火车（杨凌区）1989 年摄

① 临潼西杨村农民烧制仿秦俑的作坊（临潼区）1995 年摄

② 碾场（户县）1996 年摄

③ 农家院的迪斯科（周至县）1999 年摄

① 纺车（兴平市）1990 年摄

② 光场（兴平市）1996 年摄

③ 留影（礼泉县）2011 年摄

看手相（华阴县）1978 年摄

乡村的路（华县）1989年摄

| ① | ② |

① 拉风箱烧锅如今已少见（潼关县）1984 年摄

② 辨真假（合阳县）1998 年摄

① 古香古色的韩城老街（韩城市）1992 年摄

② 韩城芝水桥上刻有蒙古人形象的石雕（韩城市）1992 年摄

① 韩城八路军东渡黄河纪念碑（韩城市）1992 年摄

② 合阳莘野村冢家巷帝喾墓前理线的农妇（合阳县）1990 年摄

① 剃头担子（凤翔县）1985年摄

② 抢购（凤翔县）1986年摄

③ 周公庙会（宝鸡县）1988年摄

① 夫妻店（凤翔县）1989 年摄

② 用"白土泥浆"刷墙（宝鸡县）1991 年摄

① 位于宝鸡市的炎帝祠（宝鸡市）1992 年摄

② 刮黄风（陇县）1998 年摄

③ 岐山县周原广场大鼎（岐山县）2007 年摄

宝鸡渭河公园（宝鸡市）2010年摄

宝鸡环卫工自制的扫路机（宝鸡市）2011年摄

民　居

　　远在西周时代，关中人就开始住"四合院"。这在岐山凤雏村出土的占地 1500 平方米的房屋建筑遗址中，得到了毋庸置疑的实证。《周原考古》1977 年 6 月第 9 期的报道称："房屋坐北朝南，整体布局很像后来在我国北方地区广泛流行的四合院，北屋、东屋、西屋和南屋都朝向里边的院子，形成一个封闭的空间。南边正中有影壁，绕过影壁是大门，进门即是前院。前院北边是大厅，大厅往北是后院，后院中间有过廊，过廊往北通后堂，前后院周围有回廊，东西两边是厢房。整个建筑以大门和过廊中线为中轴线，东西两边严格对称。这样完整的成组建筑，在我国商周考古历史上还是第一次发现。"而关中民居的建构一直沿袭了西周的模式，数千年几乎没有改变，所不同的大概只是房屋门窗及内部装饰更趋精细和考究。从现存的明清关中民居看，住如此规模宅院的大多为有钱有势的人家。一般老百姓的住房或减少了照壁，或减少了后院，或去掉青石门墩，或没有了花格门窗、灰砖雕刻，直至减到房子一边盖。所谓一边盖的房子，关中人称为厦子，即一种直角形土墙支撑的单檐斜坡房。此房单面门窗，背靠高墙，防风防尘；室内纵深浅，采光极好，冬暖夏凉。随着家庭人口增多，在已盖好的厦房对面，十分对称地再盖一排厦子。如果家境趋好，在两排厦房的后面盖起人字梁支撑的前后双檐斜坡房，前面再盖上堂皇的门房，就形成完整的四合院。这是关中人终身梦寐以求的愿望。

四合院式建筑是关中人不断认识自然、顺应自然、把握自然的产物，也是一个不断认识自己、顺应社会的产物。最初的四合院，所有房屋都面向里边的院子，形成一个封闭的空间，显然是为了防御野兽的侵袭。5000多年前西安半坡人的村落，就是用一条深沟抵御野兽的。而一家人围住在一个封闭的空间里，会增强亲情关系与宗族凝聚力。当人类社会发展到利益冲突、尔虞我诈时期，封闭式的四合院更利于防盗贼与兵匪。在旬邑县的唐家大院，我见到四合院天井上边绷了细密的铁网，即便盗贼攀上房顶也无法冲破铁网落进院中。可见，关中四合院不但体现着关中人的创造力，同时体现着关中人固有的防范理念和顽强的生命意识。

随着中国封建社会等级制度和意识形态的日趋完善，四合院建筑也就打上了深刻的封建烙印。关中民居院落的特点是布局严谨，方正封闭，参差适度，对称和谐。厅房为供奉先祖与大型待客之用，厢房为起居之室。上房下屋，主次分明。正门、偏门、堂屋、厦房、前庭、后院严格规范了父子、妻妾、主客、男女的行走与活动范围。主客奴仆各行其道，伦理道德尽显其中。加上雕梁画栋的指令性图案、门前屋上的规定性饰物，俨然一幅儒教观念的明晰图解。至此，关中四合院早已超越了一般的实用生存的意义。

20世纪90年代以前，在关中部分黄土丘陵地带还有人住土窑。土窑分崖窑和地窑两种。崖窑一般因地就势，在天然土壁上开凿横洞，进深3~5米，宽4米，高2~3米，洞口筑一面墙安门留窗。有的还在窑外搭建房屋，组成院落。尽管窑洞冬暖夏凉，宜人居住，但现在已很少有人再住了。

地窑是在平地上向下开凿方形或长方形平面深坑，作为天井。然后沿坑壁向三面开挖窑洞，另一面开斜坡洞直通地面，形成一个地下四合院。院中除住窑外，还打有水井和渗井，以利于用水和排水。窑的门窗多为木雕花格，贴白色窗纸或透明玻璃，以利采光。炕灶多安排在窑口，深处储藏物品。地窑在过去更利于防狼、防盗、防风沙。进入21世纪，西北狼基本绝迹，窃贼也看不上住窑洞人家的什物，地窑唯有防风沙的功能凸显出来。现如今关中人大都搬出地窑，住进两层红砖青瓦的楼房中。

前人说过，建筑是艺术。建筑体现着人类的想象力、创造力，同时体现着人与自然的关系，还深深打着人的社会观念的印记，这些无论是在欧洲的罗马式建筑、哥特式建筑，还是在中国的宫殿、庙宇和四合院式建筑中，都体现得淋漓尽致。数千年的农业文明产生了与之相应的中国建筑,其最大特点是选择以土木为主要的建筑材料。因此,千年古国昔日的辉煌都因土木难经风霜雨火侵袭而消失得了无踪影。今天人们呼吁保护古建筑,正是从这种意义出发,想留下一些传统文化的遗存。

关中民居数千年来没有革命性的根本变化,几乎处于自生自灭状态。根据我的观察,关中农民祖祖辈辈盖房,始终沿袭着一条祖传不变的建筑模式。倒是"文革"后期,礼泉县烽火大队带头推倒了老式院落,盖起一排排带后院的砖木结构的二层楼房,因它强烈体现着那个时代要求大统一的特有政治观念,后来被人批评为"兵营式"民居,加之极不便于农民的生活,没有广泛推广而普及开来。但这是件极有影响的事情,引起了人们的关注和思考。有人曾著文发问:谁曾经为长期被遗忘的中国农民设计过经济实用的住宅呢?从20世纪80年代初至今的30多年间,我在采访中目睹了关中民居的两次大拆大建:一次是自古住平房的农民推倒了一边盖的草房木屋,住土窑的农民结束了穴居生活;第二次是20世纪90年代以后盖起了有钢筋水泥铝合金门窗的楼房,实现了中国农村民居的革命性变化。从这些尚缺少专业设计,还不尽如人意的民居建筑上,我们看到,只是从这时候起,关中农民才开始从自给自足的小农经济社会走入商品经济社会,关中农民才与中国一起开始进入真正的大工业时代。

关中四合院的历史可追溯至西周时代。关中的民居独具特色，体现着关中人顺应自然、顽强生存的人生哲学。

关中民居四合院（凤翔县）1986年摄

一边盖的农舍(凤翔县)1984年摄

① 堂屋（陇县）2008 年摄

② 房子一边儿盖是关中民居最典型的特征（凤翔县）1994 年摄

③ 烧火炕（凤翔县）1994 年摄

农民盖新房上梁时要放鞭炮（岐山县）1990年摄

关中农村的火炕(大荔县)2000 年摄

① 关中老村落（合阳县）2001 年摄

② 关中大宅院（合阳县）1998 年摄

③ 家族祠堂（合阳县）1998 年摄

关中的农家窑洞(淳化县)2011年摄

合阳县灵泉村的民居高大雄伟（合阳县）2000年摄

① 老式地坑窑(泾阳县)2005年摄

② 改造后的地坑窑(淳化县)2011年摄

③ 关中农村保留着许多防战乱和兵匪的古堡(韩城市)1990年摄

① 韩城党家村明清时代完整的民居建筑群（韩城市）1990 年摄

② 坊上民宅（西安市）1995 年摄

③ 社会路老房子（西安市）1995 年摄

① 西安市尚勤路居民区（西安市）1996年摄

② 改造前的西安民乐园民居（西安市）1996年摄

③ 自建的住宅（西安市）1996年摄

拆除老民宅(西安市)2001年摄

秦　人

　　关中是农业的发祥地。自古以来,关中男人极善农耕,他们把肥沃的八百里秦川梳理得畦畔平整,宽窄相宜,翻、犁、耙、磨、种、锄、割、收,精到无比;关中女人纺线织布,心细手巧,更能在一丈见方的梨木案板上,把精细的麦面扯、擀、搓、摊、蒸、烙、煮、炸,做成圆、扁、方、长、粗、细、干、湿形态各不相同的美味佳肴。温饱有余,寒暖相宜的日子,使关中人坚守本土,固执己见,风物虽长,目光不远,讲究实际,注重生存。

　　关中汉子头大面宽,肉厚身沉,一个个恰似秦始皇帝陵出土的兵马俑。秦人禀性刚烈,说话生愣硬倔。不知情的外来人初听,往往误认为他们在吵架。常言道:南方才子北方将,陕西黄土埋帝王。走遍关中各县,随处可见昔日皇陵及墓前的石狮、石马、石人、石碑。千百年的粉墨登场,千百年的喧嚣闹腾,如今锣鼓声息,骨肉烟灭。坟冢前残缺斑驳的翁仲,眼看农民在帝胄陵寝前掘土锄地,也无可奈何。雄气尚存的石狮石马,只能成为路人歇脚吸烟的好坐骑。有学者说,在黄土中埋一粒种子可以长出草木,埋下这么多帝王,就能生出霸气。平日里,秦人斗嘴皮子,甲说:"我养的鸡很大。"乙立即反唇相讥:"你的鸡能套车驾辕?"关中汉子不服人,心性不折不弯,这使他们缺乏必要的应酬与周旋的技巧而常常失利。

关中人又喜新厌旧、自谦自卑，常常在吸收外来文明、吐故纳新时，把脏水和孩子一起泼了出去。但这又可看作是关中人的一大特长，实用的、生存第一的原则，使他们一脉相承地存活并延续下来。关中人靠的正是这种永恒的人文精神和内在固有的种族信念处世活人。

"活人"是关中人的日常口头语，其意识多么前卫！在中国的正史中，除主角"官"外，只提民，不提人。而关中老百姓却把"人"挂在口头上，始终要"活人"。他们教子时讲"要好好活人"，哀怨时喊"叫我咋活人"，办成大事时称颂"可活成人了"。可见，"活人意识"在他们的观念中是何等深重。即便千年礼教也挡不住他们做一个堂堂正正的人的意愿。从"官史"到"人史"是一个进程，也是一个进步。我们看到一个平民时代的"人的历史"正在来临，这将是全面而更具人类主义的历史。

"活人"是关中人的日常口头语,他们教子时讲"要好好活人",哀怨时喊"叫我咋活人",办成大事时称颂"可活成人了"。

垂钓(长安县)1967年摄

① 戏耍的孩子（咸阳市） 1976 年摄

② 少年学生集体横渡莲湖（西安市） 1976 年摄

③ 在鲸鱼沟野营（西安市） 1982 年摄

① 看书（洛南县）1982 年摄

② 排队出工（户县）1977 年摄

① 独饮（岐山县）1984 年摄

② 三代人（陇县）1986 年摄

① 父与子(凤翔县)1984 年摄

② 婆媳(岐山县)1985 年摄

③ 关中汉子(凤翔县)1986 年摄

① 全家福（户县）1986年摄

② 民间艺人胡深（凤翔县）1986年摄

③ 慈母（兴平县）1988年摄

① 打花牌（兴平市）1990 年摄

② 农妇（凤翔县）1988 年摄

① 打牌（兴平市）1990 年摄

② 老中医（凤县）1990 年摄

③ 两代人（澄城县）1994 年摄

送饭(岐山县)1996年摄

送水的孩子（周至县）1992 年摄

老县城的放牛娃(周至县)1992年摄

古城迪斯科（西安市）1996 年摄

① 排队接水的市民（西安市）1994 年摄

② 钟楼下（西安市）1998 年摄

① 长命锁（合阳县）1998年摄
② 竹笆市（西安市）1998年摄

①	③
②	

① 村头（礼泉县）2006 年摄

② 打尜（蓝田县）2009 年摄

③ 渴（户县）2003 年摄

① 农家的孩子（蓝田县）2009 年摄

② 女人（户县）2009 年摄

破冰采莲（合阳县）2012年摄

泥峪河洗衣女（眉县）2011年摄

麦 客

　　西部麦客是关中大地上一种很有趣的生态现象，人人熟悉却熟视无睹。没有人能说清楚麦客现象从什么朝代兴起，在我近 50 年的记忆中，除"文革"前后"割资本主义尾巴"时被迫中断一段时间，数十年间，他们像候鸟一般年复一年，伴随着布谷鸟"算黄算割"的鸣叫，定期于每年的 5 月下旬，从陇东高原、六盘山下、秦岭之南拥入关中平原，寻人雇用，帮人收割，以力气和汗水挣点钱粮补贴生计。他们边割边退，游走迁徙月余，按原路返回家乡，再收割自己那因时令差而晚熟的庄稼。

　　麦客多为甘肃人、宁夏人和渭北、陕南人。

　　气候干旱、土地贫瘠、旧时多战乱是三地麦客入关游徙的根本原因。

　　麦客分四路入关：

　　南路是甘肃康县、成县、徽县的麦客沿宝成铁路北上至宝鸡后东进。

　　西路是甘肃定西、陇西、渭源、西和、礼县、武山、甘谷、秦安、天水的麦客乘陇海铁路的客车或货车，经宝鸡进潼关南原。

　　西、南两路麦客常常在宝鸡市会师后，一路辗转散落关中腹地。随着黄进绿退，边割边回，经潼关、大荔、华阴、渭南、临潼、咸阳、宝鸡返归家乡。

　　北路是宁夏泾源、海原、固原、隆德、同心、彭阳的麦客沿银平公路至平凉，会同甘肃庄浪、清水、张家川、庆阳、华亭、泾川、灵台各县的麦客，或沿宝（鸡）平（凉）公路南下至宝鸡汇入西、南两路大军，或顺着泾河两岸的大道直入关中东府的蒲城、富平、三原、泾阳，然后再挥镰北上，一路席卷礼泉、乾县、永寿、彬县、长武，最后退回陇东高原和宁夏大地。

东路是陕西商县、山阳、洛南、丹凤等地的本省麦客，沿文峪河出秦岭，直取潼关，北上合阳、澄城、富平、华县、华阴，再顺原路回割家门。其中，有一部分则沿312国道进入蓝田、长安、户县等地。

麦客的交通工具，自古靠双腿，用坚实有力的步伐，丈量往返1000多公里的路程。直到20世纪70年代后期，麦客们才改徒步为扒火车挤汽车奔袭迁移。80年代中期，西和、礼县、武山、天水等地运输公司为麦客开专车将其送入关中。

陕西旬邑、淳化、长武、彬县、永寿一带的本省麦客，则组成加重自行车队，一路南下，说停就停，说走就走，自主自由。

1992年5月，我与贺延光等人在礼县麦客家乡看到，他们出发前一定要安排好家务：孩子上学、老人吃住是他们最上心的事情，卖掉养到成年的肥猪，一要留钱给守家的媳妇应急，二是自带作为盘缠。兴票证购物的那些年,家境好些的,临走还要想法儿换些粮票以备急用。

麦客出发时,自备炒面。炒面由大麦、燕麦、黑豆等连皮磨细、炒熟,放入一小布袋中,沿途备荒,或逢雨无活时充饥。麦客吃食,数十年中变化不大。进入20世纪90年代以后,有所不同的是,常在饭馆、地摊的饮食担子旁,见到他们或买肉夹馍,或买膜子面,或吃一回羊肉泡馍。

麦客的穿着,半个世纪中有三次明显的变化。我幼年时见到的麦客,头顶草帽,身穿青衣棉袄,内套白色粗布褂子,贴身有绣着黑边的红布裹肚(样式像"505元气袋",但比它大),肩搭麻毛褡裢,膝盖以下缠着土布绑腿,脚套布袜蹬麻鞋。这一身行头直到20世纪80年代才有所变化。此后的麦客虽仍然是黑衣黑裤,但面料大部分已不是土布,其中许多青年麦客都穿上了草绿色军装,不再打绑腿,多穿线袜和绿面黑胶底解放鞋,麻毛褡裢被换成曾装化肥的蛇皮袋。90年代以后,麦客变"洋"了许多,身穿西服、腕戴手表、眼配墨镜、嘴叼带把儿烟,内衣大都换成针织品,有的甚至还配上了传呼机。

麦客绝大多数是中壮年大汉,精强彪悍。尤其平凉、固原一带的麦客,红脸膛、高鼻梁、阔嘴巴、细长眼,带有明显游牧民族的特征和气质。麦客中也有六七十岁的老人和十五六岁的少年，还有中青年女性。他们与壮年人一起，风餐露宿，辗转挥镰，把汗水洒遍大路、车站、田间、村头。

麦客出卖苦力，挣钱很少。据资料记载，20世纪二三十年代，每亩工价仅0.3元；到20世纪70年代时，每亩工价2元左右；1986年，我拍摄麦客时的工价每亩7至8元；1992年，我采访时发现他们以每亩28元成交；1997年，每亩工价最高时涨到60元。

1992年以前，每逢夏收时节，关中各县、镇都有组织地设"麦客接待站"。1991年我在凤翔县拍照时，麦客接待站设在南关长途汽车站对面的一个集贸市场。这里腾出空棚，地上摊些麦草供麦客休息。一些商店还在自家门口摆一张桌子，放有保温桶，免费提供开水。1992年以后，一切市场化了，很少再见到有组织的接待站与免费提供开水的保温桶。

麦客进入关中，被雇用前，云集于车站、集镇，或倒睡广场，或躲身房檐下。麦客最怕下雨，但也盼天阴。白天干累了就地一倒，香甜入梦。突然间，一阵大雨，浇了个透心凉，那棉袄布裤湿漉漉的，贴在身上啥滋味可想而知。常言道："麦熟一晌，蚕老一时。"收麦最怕刮风下雨，天变了，麦客可能讨个好价钱。

麦客与雇主交易，全由"麦王"出面。麦王是众人推举的，由麦客中能说会道、机巧聪慧、能审时度势者担任，是麦客利益的全权代表。一旦与雇主商定工价，麦客中无人再敢变动。出了什么纠纷，也由麦王出面处理解决。

1992年以后，麦客身价倍增，关中各地争抢麦客时有发生。以前因人少麦多，关中人要龙口夺食，需雇麦客。如今关中农民做生意、办工厂，更要雇麦客。尽管工价涨到五六十元，结出的粮食不能不收。"800元也得雇！"雇主横了心，甚至为麦客叫来"夏利""奥拓""桑塔纳"小轿车，把他们直接拉到麦地。

1996年6月10日，我随麦客扒乘火车，黄昏时分到达普集镇。早到的麦客已黑压压地躺满了火车站广场和近400米长的街道两旁，少说也有2000人。他们中有转场从外县来的，也有早晨散落到各乡、收工后又返回的。找到各自的位置，麦客们就势倒地，枕着自己的蛇皮袋，相互交谈一天的经历、经验和经济收入，打听来自不同村寨的行情，思忖着来日的去向。直到半夜，落雁般的人群才逐渐安静下来，麦客们进入梦乡。这时，偶然可见晚归的麦客，三三两两拖着疲惫的双腿，走进已很难插脚的"雁群"中。

麦客们背井离乡后，似乎更喜欢"群居"。车站、工棚、街道等公共场所成为他们最佳的栖身之地。这是因为关中农家人多房少住得并不宽敞,生人来了家中多有不便。另一方面,夏日天热,受苦人露宿是常事,不麻烦人家,自己更感到自由自在。麦客们选择好州县乡镇后,一般在那里住四五天,放倒一方麦子后,才转场离开。这期间无论早上出去十里二十里,到天黑再困再累,也会背着蛇皮袋提着槐木肘镰,扑踏扑踏大步流星赶回来,似乎那州那县的街头、屋檐甚至交警的指挥台就是自己温暖的家。第二天黎明,黑压压的人群开始躁动。随着天空泛白,吆喝声、汽笛声、突突的柴油发动机声渐渐响成一片,数千人的普集镇上突然增加了数不清的自行车、三轮车、摩托车,以及手扶四轮拖拉机和各种档次、大小不一的轿车,它们是配合雇主接运麦客的。经过"麦王"与雇主几番讨价还价后,绝大多数麦客被拉走了。早晨7点前,整个普集镇又恢复了平静,剩下的是满街的麦草、破纸和常住居民及小商小贩。

麦客能干,也能吃。一般人一天能割一亩麦子,特精壮的汉子可割两亩。身体是基本条件,同时还要有技巧。割麦分"把割"和"走镰"。前者人蹲下一把一割,麦茬低,收拾得干净。小时候放忙假,我帮助拾麦穗,最不喜欢跟在"把割"人后边,半晌拾不到一把麦穗。后者"走镰",动作是弯腰先揽一镰麦撂倒，用膝腿前摊，左脚翘拢，右手不停挥镰，两三步即割下一勒，然后用割下的麦子拧勒捆绑。这样的强体力劳动，一晌下来，麦客的衣服早已被汗水湿透了几回，渗印出一圈一圈泛白的花纹图形。层层浮尘与汗水和成泥，风干后又粘在他们的双臂上。麦客的晌饭常常被送到田间，一篮子蒸馍，约有七八个，一罐玉米糁，一碟油泼辣子，一盘萝卜丝，一个麦客一顿吃光。要赶上吃面，一人少说也要吃一斤干面才肯罢休。末了，蒸馍收起来，放进蛇皮袋里，背回去喂娃或孝敬老人。麦客虽是下苦人，但他们视赶场割麦为过年，因为在麦客家乡只有过年才可能吃上长面和白馍。我不止一次去过甘肃的定西、宁夏的西海固，更在平凉当兵住过6年。这些地区海拔高、气候冷、雨量少，"风刮石头跑，山上不长草"是准确形象的写照。年平均降雨量在二三百毫米左右，春夏都少雨，种子入土常常收不回颗粒。唯有耐旱的燕麦、洋芋挣扎着结出养育麦客的吃食。1991年初夏，我在宁夏西吉山区看到那里的农民还住着土窑，窑面顶部有一扇三角形天窗，用于排烟、透气、采光。木门窄小，仅能一人穿行，屋内昏暗，靠门有一土炕，炕角一堆破旧被褥，汗腥味、灶烟味萦绕屋内。炕上坐有老妪、老翁、儿子、孙子，四五个人正围在炕桌上吃饭，儿媳和女儿们端碗站在炕边。见我进门，连忙客让。我见他们吃的是燕麦稀粥煮洋芋块，炕桌上有一陶盆，内盛腌萝卜缨酸菜，灶台上一笼蒸熟的洋芋是代馍的干粮。屋内尽头放一堆生洋芋，这是他们主要的口粮。这不禁让我想起27年前在部队时，拉练到甘肃庄浪县的情景：大雪天，我们帮老乡扫院提水，而房东大娘和儿女坐在炕上，齐腰盖一块儿露着棉絮的破被，一动不动。我心中埋怨他们不懂情理，也不接一接担水的战士。后来才知道，他们全家只有一条裤子，谁出门谁穿。这样的穷日子，一日两餐唯洋芋的生活，把麦客推向一年一度千里奔徙挥镰割麦出卖苦力的境遇。由此可见，吃白馍、吸长面的确是过大年啊！

关中人厚道，常常尽自己的可能，腾出房子给麦客居住。吃饭时，先让麦客，待麦客吃过，家人才端饭碗。为了让麦客吃饱，除面条外，还要送上馒头。麦客毫无顾忌，放开肚皮大吃面条，把剩下的馒头悄悄放进蛇皮袋中，留给家中的孩子与老人。

麦客爱喝罐罐茶。在麦客的行囊中有一个立柱形铁皮小罐，已经熏得像黑漆刷过一样。里边放了茶叶，添上水，灌口套一铁圈，用棍子相连做扶手。闲时或饭后，一把麦秸几根木柴点燃了，架在火上像熬中药似的，直到把水熬成深褐色，这才倒进茶盅，慢慢品饮。出于怜惜，罐中茶叶很少倒掉，边熬边添，直到小罐容不下水，才去掉陈叶，再添再熬。那茶酽得比药还苦，说是能克食提神增力气。

麦客不但爱秦腔（本来嘛，就是秦人的后裔），更喜欢激越、婉转、嘹亮的高腔山歌"花儿"。太阳红了，麦割累了，汗流干了，麦客会直起腰来，将手中的镰把儿呼呼地空转几圈，长舒口气，高声喊唱一段"花儿"。那歌词既有固定流传的，也有即兴唱出的，但都是麦客生活与情感的真诚流露：

花儿本是心上的话，
不唱由不得自家。
一刀片下麦秆断，
我跟姐姐心相连。
百年千年万万年，
西来东玄走不完。
肘肘（即镰架）一挥千里远，
姐姐呀，能把我筋熬断，汗熬干。
白麻纸糊的窗亮子，
风刮得吵沙沙地响。

远离乡土想起姐姐的模样子，

　　不觉泪水哗啦啦地淌……

　　麦客的"花儿"，唱出了对自然的不平、对苦旅的哀怨、对亲情的思念，叫人震惊，叫人同情，叫人无可奈何。

　　麦客的旅途充满危机。徒步跋涉千余公里，那布袜麻鞋怎耐沙石磨损，很快提帮穿底，数天下来，脚上打了血泡。行路间，突然一场白雨、暴雨，浇得人喷嚏不断，清鼻直流，晚上就发起热来。这还罢了，最危险的是挤汽车、扒火车。为了省钱，汽车顶上的货架也是麦客的座位。每年初夏，陇海铁路沿线到处是黑衣草帽蛇皮袋的麦客，除了圆柱形油罐车无法站人外，所有的货车上或站或蹲或坐或躺的全是麦客。而坐在闷罐车顶部最危险，陇海线实行电气化后，多次发生因麦客无知而被电击事件。1995 年，陕西电视台还报道过甘肃礼县麦客被火车撞死的消息。1997 年，咸阳一乡民为争抢麦客，出拳动手，打伤致残天水人杨某，在麦客的历史上留下悲凉的一曲。

　　麦客都有自己相对固定的奔徙路线。陇海铁路的华山站、渭南站、西安站、咸阳站、杨凌站、蔡家坡站、宝鸡站是主要的麦客集散地。在这些站上，不时可碰见上年见过的老麦客。他们惊奇这"照相的"又来了，我也惊奇在茫茫人海中怎能又碰见他们。1999年6月，在兴平赢喜村天主教堂对面的地坎上，我看见3个麦客面对教堂方向坐定，沉默许久，后来一人手中捏一根橙黄色的"夏唯宜"雪糕，滋溜溜地吸吮着冰凉爽心的汁液。其中一位发现我拍照，突然大手一挥喊道："不准照曹（曹，甘肃土话，即'我'的意思），再照就是侵犯人权！"说罢哈哈大笑起来。我放下相机仔细打量此人，他约莫40岁，黑红脸庞布满七沟八梁，上面栽着灌木般的胡茬，整张脸看上去极像一面黄土高原。宽而高挺的鼻梁尽头，是一双深陷的眼窝，两道浓密的卧蚕眉下，镶着一双明亮而泛黄的眼睛。颇觉面熟，却又一时想不起他的姓名。壮汉立起，腾出右手伸过来："胡大哥，还记得我吧。我是甘肃武山的贾占平。""想起了，想起了，一别就是十年啊！""可不，快十年了。"他亲热地纠正我。

1991年7月13日，我在《中国青年报》上以《麦客》为题报道过贾占平，那时他还是一个28岁的小伙子。没想到，才八九年的光阴，就把他塑造成一个古老化石般的壮汉。

1988年，贾占平25岁。那年6月，他与乡党们一起扒车入关割麦。列车进入锣鼓村时，车速减缓。贾占平看着一路黄澄澄的麦穗，恨不得一步跳进麦海。他操起镰把儿，背起蛇皮袋，翻身从被煤染得乌黑的车厢里跳了下来，没想到一落地就失去知觉。待他醒来时，发现自己躺在关中农村最平常的一间厦房的土炕上。

原来，贾占平误以为要停下来的那辆货车并没有停，滑行出站后又加速东去了。贾占平孤雁似地一个人躺在铁道旁，任凭乡党们在飞驰的车厢上撕破嗓门大喊大叫。多亏赢喜村张兴让老汉路过相救，用架子车把他拉回家中。经村医检查，贾占平右臂骨折。经张老汉一个多月的精心调理，贾占平伤愈。临走时，他磕头相拜，认张兴让为干大（干爹），并说为报老人救命之恩，每年都回来帮他割麦。张兴让给了贾占平盘缠送他回家。

贾占平见到我格外高兴，把吃了一半的"夏唯宜"塞进乡党手中，抹了一把胡子，对我说："干大去年走了。我想他，每年还是要来看一看。"他告诉我，张兴让信耶稣，孤寡善良，一生做了不少善事。老人去世时没人告知，6月他来帮老人割麦时才知道的。当时他难过极了，还托人给干大做了一场祈祷，尽管他自己是回教徒。我看见贾占平身后耸立着一座圆顶尖拱的教堂，在一片金色的麦海里，显得尤为庄重和肃穆。

麦客熟悉了当地习俗与民情，会有相对的安全感。他们很少去自己不熟悉或与自己衣着身份不协调的地方。他们知道自己衣衫破旧，汗腥垢面，自惭形秽，常常露出卑怯、恓惶的神色。西安的南大街、渭南的开发区、宝鸡的人民路很难见到他们的身影。

6月下旬，关中大地像被剪去毛发的新头，只留下短短的麦茬。麦客们按照自己固定的路线逐渐返程。一个月的奔波，一个月的苦斗，头发长了，胡须乱了。坐下来，磨快镰刀，麦客们相互割剃麦茬般凌乱蓬荒的头发，青色的头皮上，不时被划上条条血印。在沿途的集镇上，他们不会忘记给孩子买件新衣，给媳妇选条纱巾。他们不会去西安市民生、唐城一类的商厦，他们认为自己只能去把商品堆放在一张塑料单上的地摊选购那些便宜货。

没钱还自在，有钱提心吊胆。返程的麦客心理上最大的负担，是怎样把一个月的血汗钱安全带回家。经历告诉他们：被称为"二道毛"的农村地痞眼盯着他们；没买票扒火车，乘务员和乘警会加倍重罚，也盯着他们。那钱显得比心还贵。在杨凌车站，我看见候车的麦客把100元纸币卷成又细又长的条形，用塑料袋包裹后塞进布条裤带的夹层中，还有的把钱叠成片状，塞进鞋帮里……一旦遇险，任你乘警、乘务员搜遍全身，麦客只说"没钱"，或者干脆不言语。而那些惯偷、盗贼、"二道毛"，任凭你盗技高超甚至拳脚相加，也无能为力。

经历了这一切，麦客要回家了。

麦客们并不想把贫穷、愚昧、卑微、猥琐带进 21 世纪，甚至幻想着有朝一日再入关中不背蛇皮袋，不拿槐木肘肘镰，不再提心吊胆混汽车、扒火车，而是堂堂正正扶老携幼拎妻买票坐车，逛一逛千年古都西安城，看一看富饶天府——八百里秦川。

20 世纪 90 年代末，无论是在西安明城墙的尚德门，还是在高陵县的大十字，我看见那些穿西服、戴礼帽的年轻麦客，竟然也打一杆台球。在罗夫镇，我碰见平凉八里桥麦客马红卫一行三人去逛华山："愿割麦的去，咱乘机出来逛呢。"在兴平茂陵的小镇上，甘肃定西的几个麦客坐在搭着凉棚的饭馆门前喝啤酒，方桌上摆的是两荤两素。麦客敢吃敢喝敢逛了。

果然，进入 21 世纪，谁也不曾预言会在什么时间消亡的麦客现象，在 2003 年的一场"非典"过后，突然地消亡了，取而代之的是从陕西以东过来的驾着隆隆收割机的新型麦客。

西部麦客给关中大地留下的，不仅是汗水和麦穗，麦客的故事不仅是古老的、现代的，也是久远的。

附：

从拍摄麦客说开去

每年初夏，当八百里秦川由东向西绿退黄进之际，甘肃、宁夏及陕西的部分农民沿着父辈踩出的老路，像候鸟一样成群结队成千上万拥入关中。他们手握木镰、肩搭布袋，寻人雇用，替人割麦。他们东退西进，弃绿逐黄，用艰辛的劳作换取钱粮，以补本乡因贫瘠而致的生计空缺。谁都说不清，从什么时候开始，这些固定游走受雇的割麦人被称作"麦客"。我曾听到过这样一个故事，说远在明朝时，家住甘肃天水的一位女子嫁到陕西。第二年她的妹妹来探望，见姐姐家麦子长得又高又密，天天吃白面馍馍，比自己家过年吃得还好。回甘肃后，给乡亲们说了。从此，消息传开，那里的农民每逢麦收季节就纷纷结伴到陕西"割麦过年"。这只是传说，自不可全信。但从语境分析，"麦客"一词的出现应当更早。在春秋战国时期，关中就流行"刀客""骚客""说客""食客"称谓，"麦客"一词应为当时语境氛围的产物。况且关中在中国历史上是开发最早的地方之一，号称"天府之国"。而它周边的甘肃、宁夏的许多地方自然环境恶劣，属于不适宜人类居住的地方。因此，他们自发来关中帮人割麦谋生，应是很顺理的事情。应当说，麦客是一种很古老的生态现象。

本以为随着 20 年改革开放，机械化马达声的响起，麦客会从此消亡。

不料他们用自己坚实的脚步走入了21世纪。

记得儿时的一天，大路上走来一队人，手握镰刀，脚蹬麻鞋，头顶草帽，肩搭麻毛褡裢，膝盖以下缠着已变成土色的绑腿。我扭头往回跑，大喊："来人了！"外婆侧身一望，对外公说："雇俩吧？"说时，那队人已进村，横七竖八倒在村头井边的大树下。外婆和村里人端着水碗，让他们解渴。喝着水，十几个外乡人被分别让进左邻右舍。外公选了两个小伙子，外婆有点儿不高兴，嘟囔着嫌小伙子吃得多。外公说："吃得多，干活也快！"外婆给他们擀面条，还端上一盘白馍。只见他俩急速吞下几碗面，却省下白馍，掰成小块，放进褡裢中，然后跟外公去了麦地。这是40多年前，我第一次见到麦客的情景。

没有想到，从20世纪80年代中期至今的10多年里，我为主动追寻和拍摄麦客，竟与他们结下了不解之缘。这时的麦客与先前变化不大，仍旧是黑棉袄、白布衫、黄草帽，所不同的是少了绑腿，换了褡裢，背上有些时代特征的化肥袋。他们是黄土地上的候鸟，是终生无休止的苦旅，是伴随着艰难与顽韧的生态种群。

我钟爱麦客题材，不是因它自身蕴藏着的人生哲理和文化内涵，更不是因它而产生的作品给我带来的功名利禄。10多年的追踪拍摄，我等也近乎候鸟。本来嘛，都是人而且都是农民的传人，往日挨饿的记忆拉近了我与眼前贫困麦客的心理距离。虽然命运使我变成拍摄者，麦客变成被拍者，但麦客用自身行为向世人展现了自己种群的存在方式及意义，而我只是通过拍摄，记录下他们生命的创造力。在那禁锢的年代，从某种角度看，我甚至不如麦客。麦客的重体力劳动，当下会被雇主认可，尽管报酬极少。可我的劳动将到哪里获得兑现呢？这也是我不刻意追求拍摄的直接目的而注重内心体验的缘由。

　　人生就是旅行，人生在于追求。麦客们仿佛遵照内在的周期动律，年复一年，从西向东，又从东向西，走来走去。我追随麦客，也在熟悉的大地上来回奔波。生命就这样运动着，日子也就这样打发着。我看到在这一过程中，麦客们出力流汗也罢，待雇乞食也罢，讨价还价也罢，得到点钱财也罢，无不在苦行苦斗中展示他们的狡黠与憨厚、粗犷与质朴、邪恶与善良、卑微猥琐与乐观豁达。人性本质被生存动机撕裂开来，是那么直露、那么真切，不由人不为之颤抖、惊异、羞惭和崇仰。这就是人，这就是我的同胞，这就是我自己。

我曾到过麦客的家乡，然后随他们搭汽车、扒火车、走大路，一直进到秦豫交界处。我想熟悉他们的人生之旅，尽可能全面而细致地了解与记录他们的行踪和生活状态。只有这样，才可以从中觉察出特定种群形态顽强的生命力及其与自然抗争的精神。拍摄中，我提醒自己，必须关注一切细节、情节，必须关注情态、状态。我认为，纪实摄影不仅要记录生命存在，而且要记录怎样存在。情节、细节、情态、状态不仅能充实影像的血肉，而且具有重要的人文历史价值。

记得跟随麦客到达绛帐车站时，站台上下黑压压一片人流，像失去主帅的溃军。他们不知道停着的列车向哪里去，也不知道缓行的列车该不该扒，急切的心迫使他们闻声乱窜，仿佛一个巨大的旋涡在车站上打转。人生的旅途又何尝不是这样，或然性把人们推向集体无意识的状态。

我拍麦客与麦客受雇割麦一样，纯属命运使然的自发行动。而且我的拍摄范围也与麦客活动范围近似，主要局限在黄河中游的陕甘宁地区。10多年来，我逐渐改变了以往零敲碎打的拍摄模式，进而转入整体地把握一个地域普通百姓的生存状态、宗教信仰及其人文情愫。我不受制于什么外力，也不为直接功利驱使，像麦客一样，拍摄与割麦均为一种生命存在的方式。

在追踪拍摄麦客的过程中，我很少听见他们对命运不公的诉讼。事实上，他们时刻都经受着苦难，有的甚至客死他乡。他们用一颗平常又平静的心对待一切：一切都是或然，一切就是那么回事。这是中国人，尤其是中国农民与欧美人最大的不同。中国人缺乏所谓的外在张力，缺乏时刻溢于言表的激情、耸肩摊手的姿势，他们自有传达情感暗流的既定方式。只有用麦客那平常平静的心，才能体悟他们些微的情思，发现他们动荡的内心。依靠器物夸张扭曲，追求外在图像变形的手法，都与太过寻常的麦客神表不一，倒显露出拍摄者的刻意与浮躁。

平常是真。以平常人生存与社会活动为主体构成的历史将逐渐形成。用平常人之平常心观察、发现、记录这样的历史，不仅是新的历史观、价值观，也是新的摄影观。中国文化是伟大的，中国纪实摄影也不乏精深；只因摄影沙文主义和观念形态的差异等，致使中国纪实摄影不可能做平等交流而进入世界影坛。走出国门者仅九牛一毛，大多数纪实摄影作品将依旧尘封在主人的抽屉中。然而，世界离不开中国，也需要中国的纪实摄影，只不过还需要时间和等待。

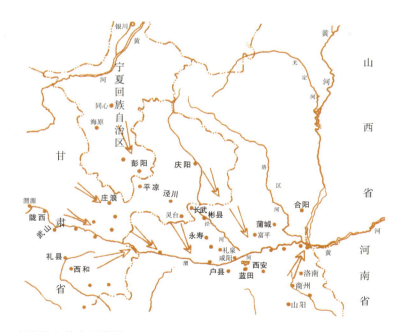

麦客进入关中示意图

数十年来，麦客像候鸟一样定期于每年5月下旬从陇东高原、六盘山下、秦岭之南拥入关中平原，寻人雇用，帮人割麦，形成关中大地上一种特有的生态现象。

① 满载而归（凤翔县）1986 年摄

② 宿（宝鸡县）1986 年摄

避雨（凤翔县）1986 年摄

出工（凤翔县）1986 年摄

① 收割（兴平市）1997年摄

② 地头小憩（潼关县）1992年摄

③ 待雇（杨凌区）1996年摄

① 早饭（临潼区）1997年摄

② 讨价（兴平市）1997年摄

③ 轻燕送爽（眉县）1996年摄

无奈(兴平市)1996 年摄

走镰（彬县）1997 年摄

女麦客(临潼区)1996 年摄

看电子表的麦客(咸阳市)1999 年摄

① 母子（临潼区）1997 年摄

② 熬茶（凤翔县）1986 年摄

地头晌饭（彬县）1994 年摄

扒火车（杨凌区）1996 年摄

打扑克(咸阳市)1995 年摄

赶车（杨凌区）1997 年摄

席地而歇(彬县)1987年摄

民　工

　　"民工",是现代语境中一个有显著特色的概念。它不像"打工仔""棒棒军",虽有现代特点,却是一个地域性的局部称谓。"民工"一词好像普通话一样,是官方认定的称谓,是被全国普遍使用的称谓。

　　根据《辞海》的解释,"民"在古代泛指被统治的庶人。虽然孟子认为"民为贵,社稷次之,君为轻",但数千年的文明史告诉我们一个最基本的事实——恰恰与孟子相反,君最贵。《辞海》中还说,古时的"民",本意指农民。由此可知,民工就是离乡做工的农民。现代意义上"民工"一词的历史,可追溯到20世纪40年代中后期的战争年代。那时,大量农民被组织起来,从事修公路、拆铁道、抬担架、送军粮等工作。由于他们的出色表现,"民工"一词曾被宣传得家喻户晓。新中国成立后,农民重新被牢牢地固定在土地上,"民工"一词也随之销声匿迹。直到1984年,国家允许农民自己解决口粮,离开乡土打工,农民才纷纷拥入城市,谋生赚钱。从此以后,城市人就再也离不开民工了。

　　起初,民工进城是同一家族或同一村庄的乡党结伴而行,进城后偎依在城墙下、工棚里、车站旁,寻人待雇。活路是掏厕所、扫马路、做保姆、拉板车、擦皮鞋、收破烂、装卸货物……凡是最脏、最苦、最累、最下贱的力气活，他们都愉快地接受，后来又集体参与了建筑、公路、矿山等大生产劳动。他们用自己的双手创造了崭新的城市，用自己的肩膀撑起了改革的历史，成为中国城市化进程中绝对不可忽视的力量。

民工进城打工与国家计划内招工有着天壤之别。从形式上看，民工虽然也是离乡进城做工，但其身份仍然是农民。他们的名字被登记在另册中，充其量也只是城市的过客。吃、住、行没有任何保证，也没有相对稳定的工作，常常处于流动或流浪状态，因此也被称为"流民"。有幸找到一份工作，基本劳动条件却极差，尤其是缺乏基本安全生产设施。他们没有劳保福利，生病、工伤都要自理，有的甚至在事故中白白死去。

我于20世纪80年代末继拍摄《麦客》后开始关注民工。1988年民工潮初起，各车站人山人海，我拍了大量以地当床的民工候车时的照片。

1989年秋，我在潼关金矿采访，看到那里的民工大多是来自四川、湖北、江苏和陕南贫困地区的青年农民。他们衣衫褴褛，年龄最大者56岁，最小的只有16岁。因矿石埋在深山大沟，开采出来后只能靠人背畜驮，劳动强度极大。他们背着装满矿石的背篓，步履艰难地行走在被人畜踩出的小径上。即使雨天，也不停工。布满碎石的小径，被雨水浸得光滑无比，人空手都很难行走，可负重的民工们仍然喘着粗气，一走三停地在上边挪动。矿石背下来，他们会连人带物一起走上磅秤。其神态十分平静而庄严，我感到他们有点儿像上刑场。骡马队的牲口则瘦骨突兀，似乎一阵风就能把它们刮倒。陡峭的山路上不时卧着黑锅一般的巨石，雾气打在上面光滑发亮。一对驮着矿石的牲口从我身边过去，走到那巨石跟前不知所措，稍作停步，主人便恶狠狠地抡起手中的木棍（不打牲口时做拐棍用）在那突兀尖利的骨峰上猛敲几下，再不然就顺手捡起碗大的石块砸将过去。骡马一声不吭，只是猛地昂头翘尾，用颤抖的四肢支撑着身躯向前冲去。

淘金者的生活很简单，尤其是从北方更贫困地方来的民工，一碗汤菜、几个蒸馍就是一顿在他们看来难得的美餐。只有江浙一带来的淘金者还讲究点营养和口味，每顿饭一定要从山下买条高价鱼，大概是黄河鲤鱼，吃了可使他们"鲤鱼跳龙门"，发些大财。

民工住的不是地质队员用的那种帐篷，他们没有公家人那种条件，他们住的其实不过是一张篷布搭在树杈上的窝棚而已，四周没有帐墙。人住在一头儿，牲口住另一头儿。只有这时，才能显现出一点儿人与牲口之间的温情。

民工几乎没有文化娱乐活动。一整天笨重的劳筋动骨，使他们像烂泥一样瘫在工棚里，哪里还有力气想那些。由于没有电视机，一些还有点儿剩余精力的小伙子，只好到街上的大荧屏去看电视。但也不能经常随便去看，民工头儿有一套严厉的管理制度。

1990 年我在韩城采访小煤窑时，发现那些挖煤的民工除了一顶柳条帽和陈旧的矿灯外，再无其他安全设施。小煤窑又矮又窄，民工几乎是爬着进去。恶劣的劳动环境，让他们感到穿衣服已是多余，常常光着身子作业。当他们从煤窑出来时，浑身上下只有牙齿和眼球上有点儿白色，其余乌黑，像一个影子。收工后，他们四五个人合用一个木盆用洗衣粉洗澡。一盆水很快就变成黑色，上面漂着厚厚一层灰白色泡沫。

劳累、艰辛倒也罢了，只为赚些养家糊口的生存钱。可想不到的是，干到年底，老板却以种种借口拖欠工资。若遇到矿井事故，老板跑了，民工连收尸的钱也拿不到。

在西安的东门外、文艺路，从早到晚，人头攒动。民工们有的背着钢钎、铁锤，有的手握古老兵器般的滚刷，等待雇用，常常是从早盼到晚，从今盼到明。好不容易等来雇主，却被市容管理人员撵得四处躲藏。有的被没收了工具，折断了滚刷，更不幸的是，有的男人被骗做了黑工，女人被拐卖奸污，甚至被逼作暗娼。

多年的采访，使我了解到，在西安所有的建筑工地上，在一些大型基础设施施工中，百分之七八十的劳动者是民工。那些同是农村来但早已转了身份的正式工，成了真正的主人。他们喝着茶，看着报，大腿跷在二腿上，指挥民工们干活。在铁路工地，砸石、运料、抢险等粗活、苦活全部由民工承包。主人是不干这些活的，主人只要拿工资、奖赏和"三金"。

虽然环境险恶，生存艰难，但民工们还是要到城市来。他们认为这是自父辈以来最好的时机，他们不能因为有风险，就丢掉这种千载难逢的赚钱机遇，他们太需要金钱了。况且，他们还要赡养老人，供孩子上学读书。上学读书是改变农民身份，逃离"另册"的唯一出路。可教育也进入商品市场，成为新的经济增长点，供孩子上学要花天文数字的钱啊！

在西安这样的城市里，只要稍加留意，你就会发现，餐馆饭店有本地民工，洗浴中心有江浙民工，街头巷尾有四川的补衣工……总之，在所有城里人生活需要的地方，都有各地的民工。民工已成为城市须臾不可缺少的组成部分。然而，城市却不正视民工，甚至鄙夷民工。因为民工是没有城市身份的农民，是记入另册被支使的庶人，是没有被纳入社会保障系统的自生自灭的种群。

当然，长期困守贫穷，缺少教育与知识雨露的滋润，使大量拥进城市的民工给城市带来旺盛生产力的同时，也注入破坏的潜能。从城市管理到计划生育，从社会治安到环境保护，从卫生健康到幼儿教育，从物质生活到文化消费……所有这一切，都给城市带来尖锐挑战与沉重压力。斯文、拘谨、排外惯了的城市产生了不应期，而民工中大量的破坏、犯罪活动，对真正意义上的城市化进程构成了严重的威胁。民工犹如一把双刃剑，迫使现代城市不得不正视与重视他们。

然而，谁都不能否认30年的改革开放，首先由农民发动。继而，当农民以民工的身份改造了千百年农业文明面貌的时候，中国改革开放与城市化进程的重要标志，最终将体现在民工观念的转换与进步上，体现在民工传统生活方式和现代文化文明程度的提高上。总之一句话，体现在民工身份本质性的转变上。

城镇化进程的主力军——民工。

过磅秤（潼关县）1989 年摄

① 粉刷工（西安市）1996 年摄

② 木工（西安市）1996 年摄

③ 建筑民工（西安市）1996 年摄

① 雪中的民工（西安市）1996 年摄

② 找生意（西安市）1996 年摄

① 拆除北大街旧房（西安市）1998 年摄

② 拆迁（西安市）2008 年摄

③ 补觉（西安市）2001 年摄

待雇（西安市）1997 年摄

进城人(西安市)2001 年摄

① 补衣服（西安市）1994 年摄

② 洗浴（西安市）1996 年摄

③ 按摩（西安市）1994 年摄

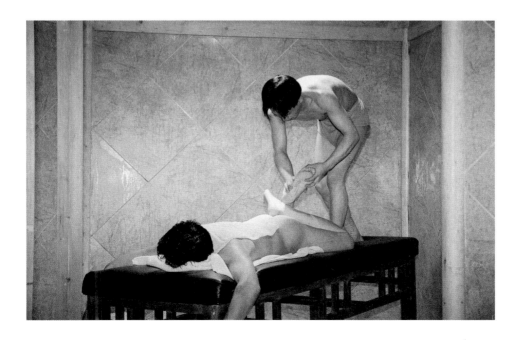

① 修建钟鼓楼广场的民工（西安市）1996 年摄

② 矿工（韩城市）1997 年摄

① 窑工（韩城市）1993 年摄

② 装卸工（府谷县）1990 年摄

小煤窑矿工（韩城市）1987年摄

矿工（韩城市）1987 年摄

后　记

摄影对我只是工具，激励我活着的工具。我不为摄影而活，但我活着必须摄影。用摄影记录生活、解读人生、认知社会，是我逐渐形成的摄影观。30多年过去了，偶尔翻阅20世纪60年代中期初学摄影时拍的照片，我发现其中就蕴含着这种观念的因子。我曾经幻想着摄影能成为实现艺术追求的目标，但很快，理想连同移栽过来的信仰一起破灭了。饥饿的烙印与文化专制的创伤，使我只能脚踏实地回到民间俗人中去，以平民意识关注普通百姓的生活，用纪实手法展现关中八百里风情。我从不自觉到自觉地走上这样一条摄影之路。

藏着的关中，作为一种客观存在，它首先藏在民间，藏在我这些以平民意识与纪实手法拍摄的照片中。为拍这些照片，我付出了数十年的努力。无论春夏还是秋冬，抑或年节，我放弃了与家人团聚，无暇顾及年迈的父母。尽管他们不懂摄影，但他们凭一种亲情坚信我在做正事，给予我充分的理解与支持。而那些长期以摄影权威自居的所谓"革命理论家"，却给关注平民生活及其生存状态的摄影者冠以"土、老、破、旧"的帽子。斗转星移，时至今日，"土、老、破、旧"的照片终于显现出其深刻的历史与文化意义，更重要的是，它们再不可重生了。

在一个作秀、作美的流俗时代，我恪守平凡与拙朴、自然与寻常。在我眼中，关中人用世代文化承传的每个天日填塞着岁月的纵深。面对他们，先记录下来是最重要的。而以往的历史之眼，有谁正视过他们？摄影就是摄影，简洁直录才能使之生根在自己的本体上。

　　关中文明的盛衰起伏，是秦人生命长河中翻滚的波澜。瞬间的流变，都体现着种群血性、命运轨迹和文化传承。因此，回到民间，贴近了普通人生活的烦琐，也就贴近了真实，贴近了国情。记录下凡人俗事这一个个从未进入大雅之堂的瞬间，必将为摄影注入生活的厚重，为历史增添现实的鲜活，为读者提供一些看后的静思。

　　《藏着的关中》中的这些老照片最早的摄于 1971 年，最晚的摄于 2014 年，时间间隔为 43 年。经过时间与岁月的洗礼，这些照片都经受住了考验，每一个瞬间都与被历史遗忘太久的普通关中人的命运与遭际相关，与他们的生存状态及生存方式相关，与他们的习性及愿望相关。总之，与数千年间关中人断续重生的文化血脉相关。

　　不是说如今是读图时代吗？"读"字由"言"和"卖"合成，有言卖出才有读，可见言与读自古就是一种交易关系。信息与知识也是商品，是有价值的，因此，才被自觉互换。言不仅能换来阅读与传播，还能换物、换权、换地位。这说明言是分类的、分功能的。影像也一样，无论面对哪种类别与功能的影像，既不能强制人读，也不能强制人不读，读图应是一种相互的自愿行为。

  本书出版之际，我要感谢关中的父老乡亲！同时感谢西北大学出版社及薛保勤、马来先生对本书再版所付出的努力，感谢编辑和所有为此书付出辛勤劳动的朋友与同事。就在夜以继日整理编辑书稿期间，久病不起的母亲于2013年6月2日离我而去。谨以此书献给我的母亲，以表我未尽的孝心，慰藉她的在天之灵。

胡武功

2014年6月28日

图书在版编目(CIP)数据

藏着的关中. 秦人百相 / 胡武功著. —西安：西北大学出版社，2014.8
ISBN 978-7-5604-3418-6

Ⅰ. ①藏… Ⅱ. ①胡… Ⅲ. ①陕西省—概况②文化史—陕西省 Ⅳ. ①K924.1 ②K294.1

中国版本图书馆 CIP 数据核字（2014）第 163369 号

藏着的关中——秦人百相

胡武功 著

西北大学出版社出版发行

（西北大学内　邮编：710069　电话：88302621　88302590）
http://nwupress.nwu.edu.cn　E-mail: xdpress@nwu.edu.cn

新华书店经销　西安奇良海德印刷有限公司印刷

开本：787 毫米×1092 毫米　1/16　印张：13.5

2014 年 7 月第 1 版　2014 年 7 月第 1 次印刷
字数：86 千字

ISBN 978-7-5604-3418-6　　定价：56.00 元